BEI GRIN MACHT SICH IHR WISSEN BEZAHLT

- Wir veröffentlichen Ihre Hausarbeit,
  Bachelor- und Masterarbeit

- Ihr eigenes eBook und Buch -
  weltweit in allen wichtigen Shops

- Verdienen Sie an jedem Verkauf

Jetzt bei www.GRIN.com hochladen
und kostenlos publizieren

Bibliografische Information der Deutschen Nationalbibliothek:

Die Deutsche Bibliothek verzeichnet diese Publikation in der Deutschen National-
bibliografie; detaillierte bibliografische Daten sind im Internet über http://dnb.d-
nb.de/ abrufbar.

Impressum:

Copyright © 1985 GRIN Verlag, Open Publishing GmbH
Druck und Bindung: Books on Demand GmbH, Norderstedt Germany
ISBN: 9783640529308

Dieses Buch bei GRIN:

http://www.grin.com/de/e-book/144751/die-sichel-in-der-bibel-und-deren-verwen-
dung-im-realen-leben

Roland Engelhart

Die Sichel in der Bibel und deren Verwendung im realen Leben

GRIN Verlag

GRIN - Your knowledge has value

Der GRIN Verlag publiziert seit 1998 wissenschaftliche Arbeiten von Studenten, Hochschullehrern und anderen Akademikern als eBook und gedrucktes Buch. Die Verlagswebsite www.grin.com ist die ideale Plattform zur Veröffentlichung von Hausarbeiten, Abschlussarbeiten, wissenschaftlichen Aufsätzen, Dissertationen und Fachbüchern.

Besuchen Sie uns im Internet:

http://www.grin.com/

http://www.facebook.com/grincom

http://www.twitter.com/grin_com

Roland Engelhart

Die Sichel in der Bibel und deren Verwendung im realen Leben

_____

Inhaltsverzeichnis

1. Biblische Befunde für die Sichel

1.1 Altes Testament

Im Alten Testament tauchen zwei bzw. drei Ausdrücke[1] für Sichel auf. Deuteronomium 16,9 und Deuteronomium 23,26 gebrauchen den Ausdruck hermēš für Sichel als Erntewerkzeug.[2] Später taucht nur noch das Wort maggāl auf,[3] so in Joël 4,13 und Jeremia 50,16. Im Aramäischen war dieses Wort der einzige Begriff für Sichel.[4] Dass hermēš durch maggāl verdrängt wurde, beweist die Tatsache, dass hermēš nur selten im jüdischen Recht vorkommt, während maggāl das übliche Wort ist.[5] Während die verschiedensten Autoren darin übereinstimmen, dass damit die Schneidesichel oder Handsichel gemeint ist, will Kapelrud in 1 Samuel 13,20 quillschōn als Reißsichel verstanden wissen.[6] Auffällig ist, dass diese Stelle von den anderen Autoren nicht erwähnt wird oder diese Bedeutung abgelehnt wird.[7] Über die etymologischen Bedeutungen dieser hebräischen Begriffe ist nichts bekannt, auch nicht über deren unterschiedlichen Gebrauch.[8] Im Hebräischen werden diese Ausdrücke immer nur als Werkzeug zur Getreideernte verwendet. Als Gerät zum Beschneiden der Weinberge oder Abschneiden der Trauben wird mazmērôt gebraucht. Bildlich stellt die Sichel entweder friedliche Arbeit (Jesaja 2,4) oder göttliches Gericht (Joël 4,13) dar.

---

[1] Kapelrud plädiert in: Reicke-Rost, Bd. III, S. 1780f. für drei Ausdrücke. In der sonstigen eingesehenen Literatur geht man von zwei Begriffen aus.
[2] Vgl. Dalman, Bd. III, S. 24.
[3] Vgl. ebenda.
[4] Vgl. ebenda.
[5] Vgl. ebenda.
[6] Vgl. Kapelrud, in: Reicke-Rost, Bd. III, S. 1781.
[7] Vgl. Dalman, Bd. III, S. 25f.
[8] Vgl. Vigouroux, Bd. II, S. 2182.

1.2 Neues Testament

Im Neuen Testament finden sich für den Begriff δρέπανον (Sichel) an den folgenden acht Stellen Belege:[9]

δρεπανον [8]

Mc	4 29	εὐθυς ἀποστελλει το δρεπανον,
Apc	14 14	και ἐπι την νεφελην καθημενον ὁμοιον υἱον ἀνθρωπου, ἐχων ἐπι της κεφαλης αὐτου στεφανον χρυσουν και ἐν τῃ χειρι αὐτου δρεπανον ὀξυ.
	15	πεμψον το δρεπανον σου και θερισον, ὁτι ἠλθεν ἡ ὡρα θερισαι, ὁτι ἐξηρανθη ὁ θερισμος της γης.
	16	και ἐβαλεν ὁ καθημενος ἐπι της νεφελης το δρεπανον αὐτου ἐπι την γην,
	17	και ἀλλος ἀγγελος ἐξηλθεν ἐκ του ναου του ἐν τῳ οὐρανῳ, ἐχων και αὐτος δρεπανον ὀξυ.
	18	και ἐφωνησεν φωνῃ μεγαλῃ τῳ ἐχοντι το δρεπανον το ὀξυ λεγων·
	18	πεμψον σου το δρεπανον το ὀξυ και τρυγησον τους βοτρυας της ἀμπελου της γης.
	19	και ἐβαλεν ὁ ἀγγελος το δρεπανον αὐτου εἰς την γην,

Bei Markus 4,29 wird die Sichel als Zeichen der Ernte geschickt, in den Offenbarungstexten geht es um die scharfe Sichel des Menschensohns bzw. eines Engels, welcher die Ernte in Anklang an Joël 4,13 als göttliches Gericht vollzieht. Zunächst geht es um die Kornernte und dann wird die Sichel (δρέπανον) auch als Werkzeug zur Weinernte genannt.[10] Für beide Tätigkeiten wird also im Neuen Testament - im Gegensatz zum Alten Testament - derselbe Begriff genannt.

---

[9] Entnommen aus: Computer-Konkordanz zum Novum Testamentum Graece, S. 437.
[10] Vgl. Balz/Schneider, S. 857.

4

2. Form und Beschreibung der unterschiedlichen Sicheln

Die Namensgebung von Sicheln und deren Beschreibung ist vielfältig und teilweise sogar widersprüchlich. Von der Form her ist jedoch die gebogene Form der Sichel charakteristisch, wenn sie auch früher nicht ganz die runde Form hatte, wie wir sie heutzutage noch kennen. Man muss sie sich in einigen Variationen vorstellen: runder und flacher oder aber auch kürzer und länger. In der Frühzeit bestand die Sichel aus einem mit einem Griff versehenen gekrümmten Holz, in dessen Innenflächen scharfe Feuersteine eingesetzt wurden. Es mag sein, dass die ursprüngliche Form einem Esels- oder Rinderkinnbacken entsprach. Noch um 750 v. Chr. verglich man die Zähne einer Sichel mit denen einer hübschen Frau.[11] Die aus Feuerstein hergestellten Sicheln haben sich wegen ihrer einfachen und günstigen Herstellungsweise lange erhalten und gehalten.[12] Sie wurden später jedoch von eisernen Sicheln abgelöst,[13] der Griff war aber nach wie vor aus Holz.

Man kann im Wesentlichen zwei Arten von Sicheln unterscheiden: die Erntesichel (auch Schneidesichel genannt) oder die Handsichel.[14] Darüber hinaus könnte es die Reißsichel vielleicht schon im Altertum gegeben haben.

Die Erntesichel ist gezähnt bzw. mit Scharten versehen und zwar dergestalt, dass die Zähne nur in Richtung des Griffes aufreißen können. Ein Nagel hält den Griff an der Sichel fest. Dass sie zudem noch scharf sein muss, ergibt sich aus den oben genannten Stellen des Neuen Testaments.

---

[11] Vgl. Thomsen, in: Ebert, Bd. XII, S. 73.
[12] Vgl. ebenda.
[13] Vgl. Galling, S. 475; Dalman, Bd. III, S. 26.
[14] Vgl. Dalman, Bd. III, S. 24f.

Ebenfalls scharf ist die Handsichel, die in ihrer ganzen Form etwas kleiner und handlicher ist, woher wohl ihr Name kommen dürfte. Im Gegensatz zur Erntesichel ist sie ungezähnt.

Über das Vorkommen der stumpfen und zahnlosen Reißsichel im Altertum streitet man sich. Während es Dalman allgemeinen ablehnt,[15] vertritt Kapelrud dies in seinem kurzen Artikel.[16]

---

[15] Vgl. Dalman, Bd. III, S. 25.
[16] Vgl. Kapelrud, in: Reicke-Rost, Bd. III, S. 1781.

3.   Der Gebrauch der Sichel

3.1   Die Schneide- oder Erntesichel

Der Schnitter wird nach Jeremia 50,16 als „der die Sichel fasst" bezeichnet
und man kann wohl davon ausgehen, dass die Ernte in der Regel mit der
Sichel geschah,[17] denn die Sense ist nur in Europa verbreitet.[18] Zum
Abernten der Getreidefelder dürfte die Schneidesichel verwandt worden sein,
schon allein aufgrund ihrer etwas größeren Form.

Im Gegensatz zur heutigen Zeit wurde damals das Getreide nicht über den
Wurzeln, sondern knapp unter den Ähren abgeschnitten.[19] Dabei wird mit der
linken Hand, die eventuell zur Vergrößerung der Greifweite noch einen Hand-
schuh anhat, das Getreide erfasst und zu einem Bündel zusammengerauft
und mit der Sichel in der rechten Hand abgeschnitten.[20] Die abgeschnittenen
Ähren werden mit einigen Halmen zusammengebunden.[21] Die hohen
Stoppeln bleiben zur Viehweidung stehen oder werden von Sonne und Wind
vernichtet.[22]

3.2   Die Handsichel

Wie eng die Verbindung von Schneidesichel mit der Handsichel ist, zeigt
schon die sprachliche Verwandtschaft: maggāl kāsīr für die Schneidesichel
und maggāl jād für die Handsichel.[23] Da sie etwas handlicher und kleiner war
und obendrein scharf und ungezähnt, kommt sie „für rituelles Schlachten in

---

[17] Vgl. Dalman, Bd. III, S. 35 und S. 41.
[18] Vgl. Dalman, Bd. III, S. 19.
[19] Vgl. Ranke, in: Ebert, Bd. XII, S. 71f.
[20] Vgl. Dalman, Bd. III, S. 37.
[21] Vgl. Dalman, Bd. III, S. 39.
[22] Vgl. Dalman, Bd. III, S. 40.
[23] Vgl. Dalman, Bd. III, S. 24.

Frage"[24]. Von ihrer Form her entspricht sie am ehesten der heute verwendeten Zweig- und Grünfuttersichel.[25]

Sie wird zum Beschneiden von Bäumen und Weinstöcken verwendet. Fest steht, dass eine solche Sichel im Altertum von der Schneidesichel unterschieden wurde.[26] Obwohl es früher durchaus üblich war, bei der Traubenernte die reifen Trauben mit der Hand von den Reben zu reißen oder dafür einen scharfen Stein zu verwenden, so ist auch dazu die Handsichel verwendet worden, so wie Offenbarung 14,18 von einer scharfen Sichel spricht.[27] Mit ihr dürfte außerdem im Frühjahr der Grünschnitt und eventuell das Jäten von Unkraut geschehen sein.[28] Die heutige Handsichel, die Dalman als gezähnte oder ungezähnte Zweigsichel benennt,[29] gleicht schon eher einem sichelartigen Messer.[30]

3.3   Die Reißsichel

Das Vorkommen dieser Art von Sichel ist am umstrittensten. Kapelrud (s.o.) setzt ohne nähere Angabe von Gründen sie für das Altertum voraus. Außer noch Dalman erwähnt sie sonst niemand. Hier ist Dalman aber in sich selbst widersprüchlich. Einerseits verneint er deren Existenz im Altertum, andererseits gesteht er sie auch zu. "Man würde annehmen, daß sie [die Handsichel] als Reißsichel diente,   aber es fehlt an jeder Gewöhnung solchen Gebrauchs"[31] und: „Auch hier [in Ägypten] ist keine Reißsichel nachweisbar"[32]. An anderer Stelle schreibt er jedoch: „daß man die Sichel gleich einem

---

[24] Dalman, Bd. III, S. 25.
[25] Vgl. ebenda.
[26] Vgl. Dalman, Bd. III, S. 26 und Bd. IV, S. 331f.
[27] Vgl. Dalman, Bd. IV, S. 341f. Dalman schreibt an dieser Stelle: "Dieselbe Sichel, die beim Beschneiden gebraucht wird ... wird auch hier ihren Dienst getan haben".
[28] Vgl. Dalman, Bd. VI, S. 151.
[29] Vgl. Dalman, Bd. III, S. 23.
[30] Vgl. Dalman, Bd. III, S. 349.
[31] Dalman, Bd. III, S. 25.
[32] Dalman, Bd. III, S. 26.

Schwert 'zieht', d. h. in Betrieb setzt, ist das der Ernte Wesentliche. Dabei ist es unwesentlich, ob es wirklich die scharfe und ungezähnte Schneidesichel ... ist, oder bei niedriger gewachsenem Getreide die stumpfe Reißsichel. ... Nicht anders stand es im Altertum".[33]

Die einfachste Form des Erntens von Feldfrüchten ist ihr Ausreißen. So wird in der Neuzeit noch kurz gewachsene Gerste oder weit auseinander stehender Weizen geerntet.[34] Im biblischen Altertum gibt es keinerlei Beleg für das Ausreißen von Feldfrucht. Dalman ist aber der Meinung, dass dies deswegen nicht erwähnt wurde, weil in der Bibel stets von Getreideernte die Rede ist und das Schneiden der normale Erntevorgang war.[35] Wenn die Gerste aber höher ist, gebraucht man heutzutage, wenn nicht die Erntesichel, so die stets stumpfe Reißsichel.[36] Dabei wird die Gerste ähnlich wie beim Schneiden von der linken Hand umfasst, die rechte Hand greift mit der Reißsichel nahe am Boden und reißt die in der linken Hand umfassten Halme heraus. Die linke Hand hebt die Büschel empor und die rechte Hand klopft mit der Sichel die Erde ab.[37] Mit einer solchen Reißsichel reißt man bis zur Gegenwart noch Grünwuchs heraus[38] und jätet Dornkraut und Wildwuchs.[39] Ob diese Art von Sichel im Altertum tatsächlich vorkam und in den Funktionen, wie sie auch für die Handsichel aufgeführt wurden, wird ohne neue Funde nie ganz aufgeklärt werden.

---

[33] Dalman, Bd. I2, S. 413.
[34] Vgl. Dalman, Bd. III, S. 34.
[35] Vgl. Dalman, Bd. III, S. 35.
[36] Vgl. Dalman, Bd. III, S. 34.
[37] Vgl. ebenda.
[38] Vgl. Dalman, Bd. VI, S. 151.
[39] Vgl. Dalman, Bd. III, S. 19.

4. Literaturangaben

Balz, H., / Schneider, G., (Hrsg.), Exegetisches Wörterbuch zum Neuen Testament, Bd. I, Stuttgart, Berlin, Köln und Mainz 1980, S. 857.

Bauer, W., Wörterbuch zum Neuen Testament, Berlin und New York 1971, S. 409 f.

Computer-Konkordanz zum Novum Testamentum Graece, hrsg. vom Institut für neutestamentliche Textforschung und vom Rechenzentrum der Universität Münster, Berlin und New York 1980, S. 437.

Dalman, G., Arbeit und Sitte in Palästina, Bd. I,2, III, IV, VI, Hildesheim 1964.

Galling, K., Biblisches Reallexikon, Tübingen 1937, S. 475f.

Herrgott, G., in: Praktisches Bibellexikon, hrsg. von A. Grabner-Haider, Freiburg i. Br. 1969, S. 1006.

Kalt, E., Biblisches Reallexikon, Bd. II, Paderborn 1931, S. 669.

Kapelrud, A. S., in: Biblisch-Historisches Handwörterbuch, hrsg. von B. Reicke und L. Rost, Bd. III, Göttingen 1966, S. 1780f.

Ranke, H., in: Reallexikon der Vorgeschichte, hrsg. von M. Ebert, Bd. XII, Berlin 1928, S. 71f.

Rienecker, F. (Hrsg.), Lexikon der Bibel, Wuppertal 1960, S. 25ff.

Thomsen, P., in: Reallexikon der Vorgeschichte, hrsg. von M. Ebert, Bd. XII, Berlin 1928, S. 73f.

Vigouroux, P. (Hrsg.), Dictionnaire de la Bible, Bd. II, Paris 1899, S. 2182ff.